I0009263

Ulrike Hager

Erlösgenerierung im Web 2.0 im B2C-Bereich in ausgewählten Online-Angeboten

GRIN Verlag

Bibliografische Information der Deutschen Nationalbibliothek:

Die Deutsche Bibliothek verzeichnet diese Publikation in der Deutschen Nationalbibliografie; detaillierte bibliografische Daten sind im Internet über http://dnb.d-nb.de/ abrufbar.

Impressum:

Druck und Bindung: Books on Demand GmbH, Norderstedt Germany
ISBN: 978-3-640-96733-9

Dieses Buch bei GRIN:

http://www.grin.com/de/e-book/175721/erloesgenerierung-im-web-2-0-im-b2c-bereich-in-ausgewaehlten-online-angeboten

Martin-Luther-Universität

Halle-Wittenberg

– Wirtschaftswissenschaftliche Fakultät –

Seminararbeit

Erlösgenerierung im Web 2.0 im B2C-Bereich in ausgewählten Online-Angeboten

Seminar: E-Business

WS 2009/2010

Ulrike Hager

10. Semester

Wirtschaftsinformatik (Magister Nebenfach)

Inhalt

Übersichtsverzeichnis

Abbildungen

Tabellen

1. Einleitung

Die Web 2.0-„Blase“ gibt es nicht, auch wenn der Nachfolger der New Economy unter anderem von den Magazinen Spiegel[1] und Focus[2] im Jahre 2006 als solche befürchtet wurde. Web 2.0 ist eine Variante der Informationsbereitstellung und –erzeugung im World Wide Web, die unter den Nutzern regelmäßig und aktiv unterstützt wird. Die Nutzer sind wie in fast jedem ökonomischen Bereich die Basis für erfolgreiches Unternehmen. Eine Konzentration auf die Wünsche, das heißt die Nachfrage der Kunden, ist ein Grundkonzept für gutes Wirtschaften. Damit sind aber auch neue Geschäfts- und Erlösmodelle nötig, da die traditionellen der New Economy nicht zum gewünschten Umsatz führen (können). Die Eigenschaften des Web 2.0 und dessen Nutzers sind mit einzubeziehen.

In dieser Arbeit soll es um die Betrachtung von einzelnen Webseiten aus dem Business2Consumer-Bereich und deren Erlösgenerierung gehen. Als Grundlage dient dazu das sogenannte 4C-Net-Business-Model nach Wirtz von 2001, welches aber auf Web 2.0 Anwendungen modifiziert betrachtet wird. Es erfolgt damit eine kompatible Dehnung der einzelnen Begriffe des Wirtz'schen Modells. Zunächst werden die Begriffe Web 2.0, Geschäftsmodell und Erlösmodell erläutert. Auf dieser Basis werden exemplarisch Webseiten und deren Erlösformen präsentiert. Im Anschluss erfolgt ein Resümee der verschiedenen Optionen, Erlöse zu generieren. Aufgrund der hohen Anzahl an differierenden Modellen der Erlösgenerierung kann im Umfang dieser Arbeit nur eine Vorstellung von einzelnen Angeboten gemacht werden.

Ziel der Arbeit ist eine überblicksartige Aufstellung der erlösgenerierenden Möglichkeiten, die das Web 2.0 bietet und wie diese bereits anhand erfolgreicher Internetunternehmen aufgezeigt werden können.

---

[1] Patalong, F. (2006)

[2] Seyfer, J. (2006)

2. Begriffsklärung

2.1. Web 2.0

Web 2.0 verweist auf die Versionsnummerierung von Software, womit man ein Updating der alten Version bezeichnet. Die New Economy oder auch „Web 1.0", die als solches jedoch nie bezeichnet wurde, ist dadurch gekennzeichnet, dass das World Wide Web als weltweite Informationsquelle dient, die von einer eingeschränkten Interaktivität geprägt ist. Der User erhält Informationen zu Unternehmen, kann Online-Shopping betreiben usw. Im Web 2.0 ändert sich die Rolle des Users vom Nutzer zum Produzenten. Web 2.0 wird als eine „Mitmach-Plattform" verstanden, in der die Nutzer selbst Inhalte produzieren (user-generated content) und miteinander aktiv in einen Dialog treten können.[3] Die Nutzer entwickeln sich vom Consumer zum „Prosumer".[4] O'Reilly, der den Begriff Web 2.0 auf einer Konferenz 2004 für die Öffentlichkeit prägt, betont außerdem die Bedeutung der kollektiven Intelligenz. [5] So stieg der Anteil der gelegentlichen Nutzer der Online-Enzyklopädie Wikipedia im Jahr 2007 von 47 % auf 65 % im Jahr 2009. [6] Für private Communities und Videoportale gilt ähnliches, hier scheint sich sogar eine Habitualisierungstendenz herauszubilden. [7]

Technologisch gesehen werden schon vorhandene Technologien konsequent genutzt, es werden aber neue hinzugefügt, wie die Anwendungen Ajax und Flash, die schnelleres Surfen und einen größeren Komfort für die Benutzeroberfläche bieten. Durch eine unterschiedliche Kombination der Technologien können immer wieder neue Web 2.0-Anwendungen geschaffen werden, wie Plattformen, Communities, Social Bookmarking-Dienste etc.

Voraussetzungen für die erfolgreiche Web 2.0 Anwendung bei den Nutzern sind die gesunkenen Kosten für einen Internetzugang und günstige Flatrate-Tarife, flächendeckende Breitbandverfügbarkeit, Browser-Standards, gestiegene Erfahrung der Nutzer, Open-Source-Software und reduzierte Markteintrittskosten.[8] So stieg von 2006 bis 2007 die Anzahl der Haushalte mit Breitbandzugang in Europa (EU-25) von 32 auf 50 %.[9]

---

[3] Vgl. Stanoevska-Slabeva (2008). S. 14 ff.
[4] Medien und Marken im Web 2.0 (2008), S. 9.
[5] O'Reilly, Tim (2005).
[6] Busemann, Gscheidle (2009), S. 3.
[7] Ebd.
[8] Vgl. Alby, T. (2008), S. 2.
[9] Europäische Kommission: Eurostat

Die Digitalisierung der Medien ermöglicht die individuelle Verbraucheransprache, mit der auch kleine Zielgruppen erreicht werden können. Diese Erlöspotenziale fasst man inzwischen unter dem Begriff des Long Tail zusammen, und sie sind in fast allen Web 2.0 Anwendungen, mit für den Erfolg verantwortlich.

2.2. Geschäftsmodelltypologie

In der folgenden Analyse soll die Geschäftsmodelltypologie von 2001 nach Bernd Wirtz als Basis dienen. Der Grund hierfür ist, dass diese Typologie in der Mehrheit der verwendeten Sekundärliteratur verwendet wird und so ein gewisser Standard damit verbunden werden kann. Das Wirtz'sche Modell ist zudem analytisch und kann sinnvoll auf die Aufgabenstellung dieser Arbeit erweitert werden. Andere Geschäftsmodelle für das Electronic Business stammen unter anderem von Timmers[10], Stähler[11] und Rappa[12]. Unzählige andere, die teilweise von Laien stammen, findet man im Internet, sie sind aber meist unstrukturiert, berufen sich nur auf eine Webseite als Ausgangsmodell oder vermischen Gliederungskennzeichen, sodass keine genügende Objektivität festzustellen ist.

Im Folgenden wird das Partialmodell nach Wirtz kurz vorgestellt.

Nach Wirtz wird unter einem „Geschäftsmodell" die „Abbildung des betrieblichen Produktions- und Leistungssystems einer Unternehmung" verstanden. Die Geschäftsstrategie wird dabei durch die Kombination von Produktionsfaktoren umgesetzt, wodurch den involvierten Akteuren bestimmte Funktionen zukommen.[13]

Das integrierte Partialmodell besteht aus den Komponenten Markt-, Kapital-, Beschaffungs-, Distributions-, Leistungserstellungs- und Leistungsangebotsmodell. Das Kapitalmodell differiert in das Erlös- und das Finanzierungsmodell. Für diese Arbeit wichtig sind das Erlösmodell sowie das Leistungsmodell, welches die Erstellung und das Angebot der Leistung integriert. Da es Internetanbietern im Business2Consumer-Bereich insbesondere um das Leistungsmodell geht, hat Wirtz dieses noch einmal nach inhaltlichen Kriterien gegliedert in das sogenannte „4C-Net-Business Model", wodurch „ho-

[10] Timmers, P. (1998)
[11] Stähler, P. (2002)
[12] Rappa, M. (2001)
[13] Wirtz, B. (2001), S. 211

mogene Gruppen bezüglich der Leistungs- und Wertschöpfungsprozesse“[14] entstehen. Das Leistungsangebot eines Internetgeschäftsmodells wird so grundlegend entweder fokussiert auf den Content, den Commerce, den Context oder die Connection. Die Charakteristika der einzelnen Bereiche werden in den jeweiligen Abschnitten erläutert.

2.3. Erlösmodell

Das Erlösmodell im Rahmen eines Partialmodells eines Unternehmens systematisiert die Formen, mit denen Erlöse erzielt werden können.[15] Dabei können die Erlöse direkt oder indirekt, beziehungsweise transaktionsabhängig oder transaktionsunabhängig generiert werden. In der New Economy werden die Formen meist in einer Kombination genutzt, im Web 2.0 können nicht mehr alle Formen als erlösgenerierend betrachtet werden, da man vor dem Hintergrund des kostenlosen Inhalts und der Nutzerinteraktion arbeitet.

	Direkte Erlösgenerierung	**Indirekte Erlösgenerierung**
Transaktionsabhängig	Transaktionserlöse i.e.S. Verbindungsgebühren Nutzungsgebühren	Provisionen
Transaktionsunabhängig	Einrichtungsgebühren	Bannerwerbuung Data-Mining-Erlöse Sponsorship

Tab. 1 - Systematisierung von Erlösmodellen[16]

Diese Erlösmodellsystematik ist nur noch bedingt für Web 2.0 Anwendungen relevant, einige Formen sind eindeutig präferierte (z.B. Werbung), andere werden gar nicht als erlösgenerierend gesehen (z.B. Einrichtungsgebühren). In der folgenden Präsentation exemplarischer Webseiten wird zu sehen sein, welche Formen die bevorzugten sind und inwiefern die Erlösmodellsystematik noch Geltung findet.

3. Erlösgenerierung in ausgewählten Web 2.0-Anwendungen

Ableitend aus den Eigenschaften von Web 2.0, in dem es primär um die Integration der Nutzer geht, können Web 2.0-Anwendungen nur selten isoliert einem der 4 Cs zugeord-

---

[14] Ebd.
[15] Vgl. Wirtz, B. (2001), S. 214.
[16] Vgl. Wirtz, B. (2009), S. 240.

net werden. Im Folgenden werden deshalb ausgewählte Internetanbieter nach ihrem Schwerpunkt einem der 4 Cs zuordnen und auf dieser Grundlage das Erlösmodell dargestellt. Insbesondere die indirekte Erlösgenerierung ist in allen Geschäftsmodellen wichtig.

3.1. Content

Web 2.0 Anbieter, die ihr Leistungsangebot wesentlich auf den Inhalt richten, sind zum Beispiel Lastfm.de (Content: Musik), Flickr.com (Fotos), YouTube.com (Videos) und Wikipedia.org (Enzyklopädie). Sie fokussieren ihr Angebot dabei auf das Sammeln, Selektieren, Systematisieren, Kompilieren und Bereitstellen von Inhalten auf ihrer eigenen Plattform.[17] Die Inhalte sind konsumentenorientiert und personalisiert online abrufbar.

Im Folgenden soll der Web 2.0 Anbieter Last.fm näher betrachtet werden. Last.fm stellt neben dem Content-Angebot auch Context und Connection zur Verfügung, primär geht es aber um die benutzerfreundliche Bereitstellung des Inhalts „Musik“ und „Internetradio“. Laut Bächle zählt das Angebot hauptsächlich zum Social Commerce[18], da „die aktive Beteiligung der Kunden und die persönliche Beziehung der Kunden untereinander im Vordergrund“ stünden.[19] Der Aspekt des Handels ist aber erst geboten, wenn über bestimmte Links auf das Online-Angebot von anderen Seiten (Amazon, iTunes) eingegangen wird. Ein direkter Verkauf von CDs, Musik-DVDs und ähnlichem ist zumindest zum jetzigen Zeitpunkt noch nicht eingebunden. Wie noch zu sehen ist, werden lediglich Erlöse aus den Affiliate-Partnerschaften gezogen.

Last.fm generiert seine Erlöse laut dem Senior Vice President Scott Woods[20] aus drei hauptsächlichen Quellen:

1) **Premium-Kundschaft**: Für 3€/$/Pfund pro Monat kann der registrierte Nutzer von erweiterten Funktionen profitieren. Diese Erlöse werden direkt und transaktionsunabhängig generiert.

---

[17] Wirtz, B. (2001), S. 219.

[18] Definition von Social Commerce nach Richter et al. (2007), S. 5: *„Der Social Commerce stellt die zwischenmenschlichen Beziehungen und Interaktionen (den Austausch von Bewertungen, Produktinformationen und Feedback) in den Vordergrund, die vor, während und nach geschäftlichen Transaktionen eine Rolle spielen und setzt damit dem Electronic Commerce eine zusätzliche kooperations- und kommunikationsorientierte Ebene auf.*

[19] Bächle (2008), S. 130 f.

[20] O.A., Interview mit Scott Woods (2008) auf Vimeo.de

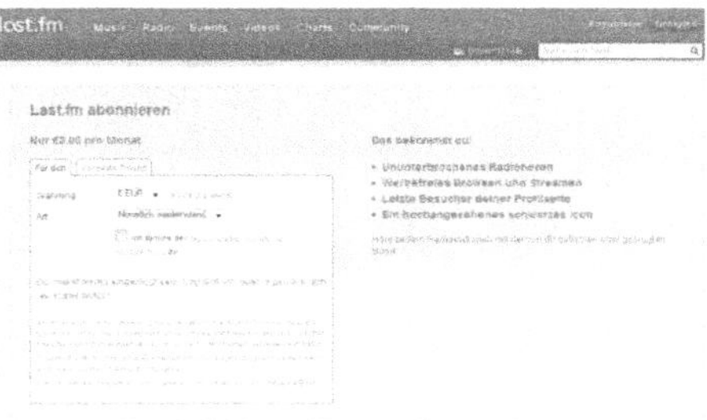

Abb. 1 - Last.fm Premium-Kundschaft[21]

2) **Affiliate-Partnerprogramme**: Dank Affiliate-Partnerschaften[22] wie mit Amazon und iTunes werden die Inhalte für die Nutzer vervollständigt, indem sie zum Beispiel über den „aShop" direkt die Musik, die sie gerade hören, als Download oder CD bestellen. Die Erlöse hieraus entstehen indirekt und transaktionsabhängig durch die erhaltenen Provisionen vom Partner.

Abb. 2 - Last.fm Affiliates[23]

3) **Werbung**: Die Werbung bringt immer noch die größte Erlösgenerierung für Last.fm. Von großer Bedeutung ist das Targeting, wonach Last.fm nutzerorientierte Werbung schalten kann, die zum Beispiel an Alter und Musikgeschmack orientiert ist. Mithilfe von „SmartAds" verknüpft Last.fm die eigenen Services mit Werbeanzeigen, Grundlage dafür ist die Verwertung der Streams der Nutzer. Werbung gilt als indirekte und transaktionsunabhängige Erlösgenerierung.

---

[21] http://www.lastfm.de/subscribe

[22] Erläuterung Affiliate (Trafficmaxx, Online Marketing Wiki): *„Partnerprogramme, welche von Shops, Websites mit Buchungsfunktionen oder allgemein Internetseiten mit kommerziellem Hintergrund angeboten werden."*

[23] http://www.lastfm.de/music/La+Roux/La+Roux

Abb. 3 - Last.fm Werbung[24]

3.2. Commerce

Da Web 2.0 besonders von der Interaktivität des Nutzers lebt, der diese dank kostenloser Inhalte möglichst kostenlos ausleben möchte, sind reine Commerce-Internetangebote für Web 2.0 noch schwierig umzusetzen. Hier soll Spreadshirt.de als Fallbeispiel dienen, da dieses immer noch vom reinen Verkauf lebt und dennoch den Aspekt der Interaktivität des Nutzers beinhaltet.

Wirtz fasst unter dem Bereich Commerce die Anbahnung, Aushandlung und/oder Abwicklung von Geschäftstransaktionen zusammen.[25]

Beispielhaft seien zum Bereich Commerce außerdem DaWanda.de, ein Marktplatz für individuell hergestellte Produkte; die Geschenkeportale SoSmart.de und Edelight.de und das T-Shirt-Design-Portal CafePress.com genannt. Amazon und Ebay zählen zu den ersten Unternehmen, die in ihrem ausschließlichen Online-Angebot im Sinne der Nutzer arbeiten. Ebay lässt seine Käufer und Verkäufer selbst Bewertungen zu den einzelnen Verkaufsaktionen geben. Jeder angemeldete Nutzer kann die Bewertungen einsehen und seine Kaufentscheidung danach beurteilen. Amazon arbeitet mit sogenannten Recommendern, Empfehlungssystemen, die dem Konsumenten auf Grund von Data Mining-Analysen Kaufvorschläge unterbreiten. Richter u.a. halten fest, dass „beide Plattformen […] als Beispiel der ersten Stunde für die Ausprägung des Social Commerce gesehen werden [können].“[26]

In Kombination mit den Kriterien von Web 2.0 Anwendungen kann man inzwischen auch bei Spreadshirt.de statt „Commerce“ von „Social Commerce“ sprechen. In der

---

[24] Last.fm Mediakit (2009)
[25] Wirtz, B. (2001), S. 230.
[26] Richter et al. (2007), S. 1.

Mission von Spreadshirt heißt es: „[Wir motivieren] unsere Kundengemeinschaft, aktiv teilzunehmen – alles wird offen kommuniziert und gemeinsam diskutiert.“[27] Spreadshirt bietet zum Einen dem Nutzer an, sein eigenes Design auf Kleidungsstücke zu drucken, zum Anderen kann jeder einen eigenen Shop auf dem Portal von Spreadshirt eröffnen, in dem die selbst designten T-Shirts verkauft werden können. Die Masse der einzelnen Shops sorgt dank Crowd-Sourcing[28] für die Erlöse des gesamten Spreadshirt-Unternehmens.

Das Erlösmodell von Spreadshirt baut sich auf folgenden Grundpfeilern auf:

1) **Online-Shop**: Der Verkauf von Kleidungsstücken und Gebrauchsgegenständen, deren Druckvorlage vom Nutzer hochgeladen wird, sowie Merchandising-Artikeln.

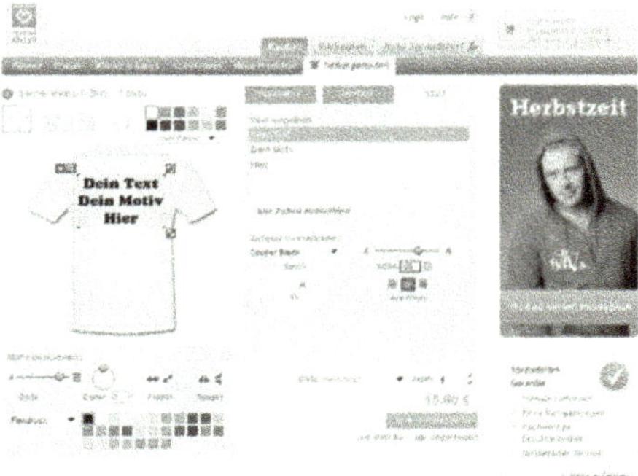

Abb. 4 - T-Shirts selbst gestalten bei Spreadshirt[29]

2) **Provisionen**:

- **„Micro-Merchandising“:** [30] Jeder Nutzer kann über Spreadshirt einen eigenen kostenlosen Online-Shop betreiben. Die Herstellung und den Versand der Produkte übernimmt Spreadshirt.

---

[27] http://www.spreadshirt.net/de/DE/Ueber-uns/Unsere-Mission-69/. Abruf am 29.09.2009.

[28] Erläuterung von Crowd-Sourcing (Richter et al. (2007), S. 7.: *„Die Grundidee bzw. der Hauptgedanke von Crowdsourcing ist es, Aufgaben innerhalb einer Unternehmung an eine bestimmte / unbestimmte breite Masse von Personen auszulagern, die sich zum größten Teil unentgeltlich einbringen."*

[29] http://www.spreadshirt.net/de/DE/T-Shirt-gestalten/Selbst-gestalten-59/. Abruf am 03.10.2009

[30] Vgl. http://www.spreadshirt.net/de/DE/Ueber-uns/2002-4130/newsId/43. Abruf am 04.10.2009

Abb. 5 - Eigenen Shop eröffnen auf Spreadshirt[31]

Abb. 6 - Beispielshop "Reporter ohne Grenzen"[32]

- **Affiliates**: Dank Partnerprogrammen kann Spreadshirt hohe Erlöse generieren. Dabei gehen „bis zu 25% Provision für jeden durch sie generierten Verkauf" an die Partner.[33]

---

[31] http://www.spreadshirt.net/de/DE/Shop-eroeffnen/Loslegen-4013/. Abruf am 04.10.2009

[32] http://rog.spreadshirt.net/de/DE/Shop. Abruf am 04.10.2009

[33] http://www.spreadshirt.net/de/DE/-/Home-5507/. Abruf am 03.10.2009

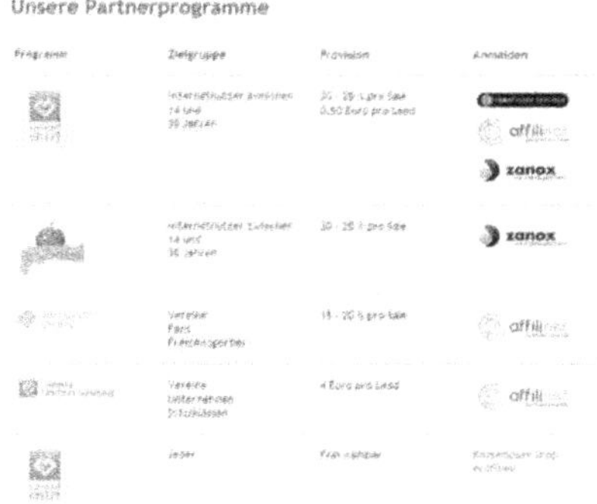

Abb. 7 - Partnerprogramme von Spreadshirt[34]

3.3. Context

Wirtz stellt zum Modell des Context fest, dass dieses erst durch die Internetökonomie aus Ermangelung an Möglichkeiten zur Strukturierung der Online-Angebote entstanden ist. Es dient der „Klassifikation und Systematisierung von Informationen", die im Internet verfügbar sind.[35] Das Ziel von Webseiten mit dem primären Leistungsangebot Context ist es, „Markttransparenz" zu schaffen und die „Orientierung der Nutzer" zu verbessern. [36] Der Bereich Context wird unterteilt in Suchmaschinen und in Webkataloge. Als beispielhafte Web 2.0 Anwendung dient hier die Webseite Mister-Wong.de, ein „Social-Bookmarking-Tool", das keine klassische Suchmaschine ist, doch die Definition durch die Eigenschaften der Klassifizierung und Systematisierung erfüllt. Instrument ist dafür das sogenannte Tagging, mit dem die User selbst Webseiten kategorisieren und strukturieren können. Dazu werden die Bookmarks, die sie zu den Seiten setzen, durch die passenden Schlagwörter (Tags) verwaltet, und für andere präsentiert. Dem User werden über das Schlagwort, das ihn interessiert, die von anderen Usern getaggten Seiten empfohlen. Die Bookmarks können privat oder für alle sichtbar gespeichert werden, aus den letzteren setzt sich die Suchmaschine von Mister Wong zusammen. Es geht dabei nicht vordergründig um das Auffinden einer konkreten Information wie in einer Suchmaschine, sondern um das Stöbern im World Wide Web. Hierfür wurde der Begriff des „Social Bookmarking" geprägt. Aktuell sind 7.800.389

---

[34] http://www.spreadshirt.net/de/DE/-/programme-5508/. Abruf am 02.10.2009
[35] Wirtz, B. (2001), S. 242 f.
[36] Ebd.

Bookmarks gespeichert.[37] Das Zusammenfassen von mehreren Tags bezeichnet man als „Tag-Cloud“ (s. Abb. 8).

Abb. 8 - Tag-Cloud auf Mister Wong[38]

Die Generierung von Erlösen findet auf Mister Wong ausschließlich über **Werbeinnahmen** und den **Verkauf von Clickstreams** statt. Instrumente sind dazu Wong SL, Google AdSense und Display- beziehungsweise Bannerwerbung. Mit Wong SL ist Textwerbung möglich, für die auch die Tags genutzt werden können.

Google AdSense ist ein kostenloses Werbeprogramm, das den Inhalt einer Seite analysiert und dazu „passende kontextrelevante Werbung“ einblendet.[39] Der Seitenbetreiber erhält pro Klick eine Vergütung (Cost-per-Click). Mit Wong SL kann auf Mister Wong Text-Werbung geschaltet werden, die auf verschiedenen Tag-Bereichen, in denen sich der Nutzer navigiert, zu finden sind. AdSense und Wong SL sind in Abbildung 9 am Beispiel-Tag „Urlaub“ zu sehen.

Abb. 9 - Werbung zum Tag "Urlaub" auf Mister Wong[40]

[37] http://www.mister-wong.de/about/

[38] Ebd.

[39] Alby, T. (2008), S. 164.

[40] http://www.mister-wong.de/tags/urlaub/. Abruf am 04.10.2009.

3.4. Connection

Das grundlegende Ziel von Connection-Leistungsangeboten im Internet ist, eine Verbindung zum Konsumenten respektive die Verbindung der Nutzer in einer von ihnen bevorzugten Weise. Dabei soll ein Informationsaustauch stattfinden, in dem sich die Konsumenten über ein Unternehmen, über Produkte, Dienstleistungen etc. unterhalten und gegebenenfalls Empfehlungen aussprechen können. Nach Wirtz findet man zwei Ausprägungen in der New Economy vor: das Leistungsangebot der Intra-Connection und das der Inter-Connection.[41] In der *Intra*-Connection sollen dem Konsumenten Entscheidungshilfen geboten werden. Dazu zählen Communities, in denen sich die User miteinander verbinden und so ein Netzwerk bilden können. Webseiten zur *Inter*-Connection stellen dem Konsumenten einen Zugang zu physischen Netzwerken bereit. Web 2.0 Angebote können hier kaum eingeordnet werden, da die Nutzerinteraktion beispielsweise bei der Einrichtung eines Internetzugangs kaum von Bedeutung ist.

Hingegen lassen sich zur Intra-Connection zahlreiche Beispiel im Web 2.0 finden, da hier gerade die Kommunikation zwischen den Nutzern über bestimmte Aspekte wie Produkte oder Dienstleistungen eine große Rolle spielt. Meinungsportale wie dooyoo.de und epinions.com gehören dazu, ebenso wie Tauschwebseiten (gnutella.com, hitflip.de) und Webhosting-Dienste (tripod.com). Mit Web 2.0 kommen zahlreiche Community-Seiten hinzu, wie Facebook, StudiVZ, Xing, MySpace, Ning oder Verwandt.de. Communities oder auch „Social Networks" bieten den Nutzern die Möglichkeit, sich online miteinander zu verbinden, und netzwerkartig neue Bekanntschaften zu machen, sich über Hobbies auszutauschen, auf Profilen anderer Nutzer zu stöbern etc.

Exemplarisch soll hier die Webseite Ning.com vorgestellt werden. Ning dient als Plattform für Nutzer, ihre eigenen Communities zu gründen. In der eigenen Community stehen Upload-Funktionen für Bilder, Nachrichtendienste und Profilerstellungen bereit. Für das Layout gibt es 50 verschiedene Themen, über CSS kann man auch eigene entwerfen. Das eigene Netzwerk kann öffentlich, also für jeden zugänglich, oder privat sein, indem man zum Beispiel an neue Mitglieder einen Fragenkatalog richtet. Ning bietet alle Anwendungen, die auf anderen Communities auch zu finden sind: ein Chat-Programm, Gruppen, Diskussionsforen, Blogs und verschiedene zusätzliche Applikationen.

---

[41] Wirtz, B. (2001), S. 252 f.

Ning generiert seine Erlöse durch folgende Instrumente:

1) **Werbung**: Auf Ning findet man im Vergleich zu anderen Anwendungen relativ wenig Werbung, dennoch werden damit Erlöse erzielt. Hierfür wird ebenfalls das Angebot von Google AdSense genutzt.
2) **Premium-Kundschaft**: Direkt transaktionsunabhängige Erlösformen werden ebenfalls genutzt, da auch ein differenziertes Premiumangebot vorhanden ist (s. Abb. 10). Damit können eine eigene Domain verwaltet, eigene Werbung eingeblendet oder zusätzliche Datenpakete erworben werden. Für 24,95 $ kann das eigene Netzwerk werbefrei betrieben werden oder man beansprucht „Premium"-Unterstützung beim Aufbau der Seite (ab 10 $).

Abb. 10 - Premiumdienste von Ning[42]

[42] Über kostenlose Registrierung einsehbar.

4. Synthese der Erlös- und Geschäftsmodelle

Die analysierten Fallbeispiele nutzen folgende Erlösformen:

- Werbung (Targeting, Goodle AdSense, Bannerwerbung)
- Premium-Kundschaft
- Provisionen durch Affiliate-Partnerprogramme und „Micro-Merchandising"

Die Tabelle aus 2.3 kann auf Web 2.0 genutzte Erlösformen nicht mehr uneingeschränkt angewendet werden. Vielmehr muss als Erlösmodell ein solches gewählt werden, das die Zufriedenheit des Nutzers garantiert, das heißt Inhalte möglichst kostenlos für ihn bereitstellt. Aus dieser Leistung Erlöse zu generieren, ist eine Herausforderung an das Unternehmen.

Werbung ist hierbei der wesentliche Baustein, sie kann auf jeglichen Seiten genutzt werden und Modelle wie Google AdSense bieten zudem eine schnelle, leichte und kostengünstige Einbindung, die auch im Costumer2Costumer-Bereich oft verwendet wird. Durch die Abrechnungsdaten kann der Werbende die „entsprechende[n] Informationen zu den geschalteten Kampagnen" erhalten.[43] Die Werbung im Web 2.0 zeichnet sich stark durch ihre Kontextbezogenheit aus, die dank AdSense und AdWords[44] dem Werbenden in den meisten Fällen den Hauptteil der Erlöse einbringt. Laut des OVK-Online-Reports 2009 stieg der Anteil von klassischer Online-Werbung um 27 % im Jahr 2008 an. Stichwort-Vermarktung erhöhte sich um 24 % und Affiliate-Netzwerke wurden 25 % mehr genutzt als im Vorjahr.[45]

Premium-Accounts wie bei Last.fm oder auch Flickr.com bieten dem Nutzer zusätzliche Optionen, wie zum Beispiel mehr Speicherplatz für hochgeladene Dateien (Flickr) oder erweiterten Zugriff auf Funktionen.[46] Die Abonnement-Kosten entsprechen meist dem Angebot, das heißt je mehr Funktionen möglich sind, umso höher ist der Preis.

Durch Affiliate-Partnerschaften können die Web 2.0 Unternehmen Provisionen erhalten, wenn der Anbieter den Nutzer an einen Partner weiterleitet oder der Nutzer bei diesem Partner Umsatz erzeugt. Für die Partner ist dabei sogenanntes Conversion-Tracking von

---

[43] Karla, J. (2007), S. 23.

[44] Google AdWords liefert auf der Seite der Suchergebnisse von Google Werbung, die zum gesuchten Keyword des Nutzers passt.

[45] OVK-Online-Report (2009)

[46] Bei dem professionellen Netzwerk Xing.de sind erweiterte Suchfunktionen möglich, werbefreier Zugang, persönliche Nachrichten und weiteres. Bei Last.fm kann unbegrenzt Radio gehört und werbefrei gesurft werden.

Bedeutung, bei dem der Weg eines Nutzers nachvollzogen wird, wodurch zum Beispiel eine finanzielle Aufwendung für einen Verkauf ermittelt werden kann.[47]
Provisionen bringen auch die Kunden-Online-Shops von Spreadshirt ein.
Eine weitere Erlösform für Web 2.0 Anwendungen, die in dieser Arbeit noch nicht Erwähnung fand, sind Spenden und Sponsoring. Immer wieder genanntes Beispiel hierfür ist Wikipedia, welche sich nur dank Spenden von privaten oder öffentlichen, institutionellen Nutzern finanziert. Wikipedia wird in Deutschland von Wikimedia Deutschland e.V. unterstützt.
Auch Data-Mining, das in den vorgestellten Webseiten zumindest nicht explizit als Erlösform genannt wird, ist im Web 2.0 Bereich ein beliebtes Mittel. Mit Data Mining werden Informationen über den Nutzer gesammelt und ausgewertet, die wiederum interessant für die Werbung sind. Werden die zusammengeführten Daten an andere Unternehmen verkauft, spricht man von indirekter transaktionsunabhängiger Erlösgenerierung. Data Mining wird häufig von Netzwerkbetreibern (StudiVZ, Facebook) genutzt, oder aus Click-Streams von Social-Bookmarking-Diensten (Mister Wong, del.icio.us) erzeugt. Netzwerke gewinnen bei deutschen Nutzern eine immer größere Beliebtheit, im Jahr 2008 haben 12,5 % als im Vorjahr mehr Internetnutzer Plattformen wie StudiVZ besucht.[48] Hinzu kommt, dass weltweit Nutzer immer länger auf Sozialen Netzwerken verweilen: die verbrachte Zeit stieg von 2007 auf 2008 um 63 %.[49] Diese Web 2.0 Angebote sind deshalb besonders beliebt für Werbung und somit Data Mining, denn es kann eine große Masse an potenziellen Kunden sondiert beworben und angesprochen werden. Die Erlöse sind demnach wesentlich adäquater und somit effizienter generiert als mit undifferenzierter Werbung. In den USA macht Anzeigenwerbung auf sozialen Netzwerken (Facebook, MySpace) 17,4 % des Marktes aus.[50] Aufgrund des zumeist kostenlosen Bereitstellens von Inhalt sind Erlösformen wie Paid Content kaum im Web 2.0 anzutreffen. Folgende Abbildung verdeutlicht, dass Internetangebote vom Nutzer als kostenlos erwünscht werden:

---

[47] Vgl. http://www.trafficmaxx.de/definition/conversion-tracking, Abruf am 04. Oktober 2009
[48] The Nielsen Company (2009), S. 2.
[49] Ebd. S. 3.
[50] Comscore: Press Release (2009).

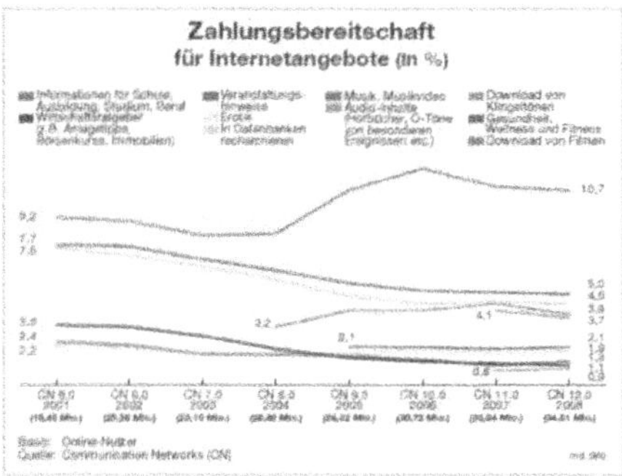

Abb. 12 - Zahlungsbereitschaft für Internetangebote (in %)[51]

Die Erlösmodellsystematik aus Punkt 2.3 kann aus den analysierten Webseiten folgendermaßen auf Web 2.0 Anwendungen modifiziert werden:

	Direkte Erlösgenerierung	**Indirekte Erlösgenerierung**
Transaktionsabhängig	Transaktionserlöse Verbindungsgebühren Nutzungsgebühren	Provisionen (*Affiliates, Micro-Merchandising*) Suchbegriffvermarktung (durch AdSense, AdWords)
Transaktionsunabhängig	Einrichtungsgebühren *Premium-Kundschaft*	Werbung *Spenden / Sponsoring* *Data-Mining-Erlöse*

Tab. 2 - Systematisierung von Erlösmodellen im Web 2.0

Ein wichtiger Aspekt, der dem Web 2.0 und seinen Anwendungen zum Erfolg verhalf, ist der „Long Tail", den Chris Anderson 2004 in einem Artikel für das Wired-Magazin beschrieb. Der Long Tail entsteht durch die uneingeschränkte Auswahl des World Wide Web, in dem man nicht mit zu geringen Regalflächen oder Lagerhaltungskosten rechnen muss. Produkte können in digitaler Form gelagert werden und nehmen so keinen zusätzlichen Platz in Anspruch. Der Long Tail auf einer Verkaufskurve entspricht den Nischenprodukten, die nunmehr den Großteil des Umsatzes ausmachen.

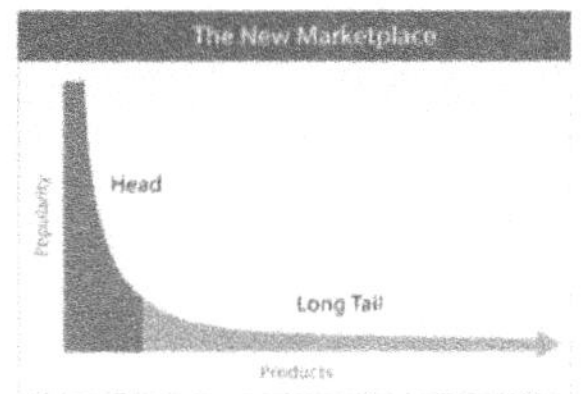

Abb. 12 - Die Long-Tail-Kurve
Nutzung der Grafik unter Creative Commons Lizenz und freundlicher Genehmigung von Chris Anderson

[51] Focus (2008): Der Markt der Medien. S. 46.

5. Zusammenfassung und Ausblick

Erlösformen im Web 2.0 konzentrieren sich auf den Nutzer, der kostenlos Inhalte nutzen, aber auch produzieren möchte. Aus den beispielhaft vorgestellten Webseiten ist deutlich geworden, wie insbesondere die Werbung von großer Bedeutung ist und nach wie vor als hauptsächliche und effiziente Erlösform – auch dank einfacher Bedienung von Werbeprogrammen – angesehen und genutzt wird. Dennoch kann sich ein Unternehmen nicht allein von den Erlösen aus Werbekampagnen finanzieren, sondern ist darauf angewiesen, weitere Komponenten wie direkte Erlösformen (Abonnements) hinzufügen.

Das 4C-Net-Business-Model ist (noch) für das Web 2.0 erweiterbar, aber den einzelnen Bereichen kommt eine andere Gewichtung zu. Zudem sind eher Mischungen aufzufinden, so wie Last.fm die Bereiche Content, Context und Connection übergreift. Diejenigen Angebote, die vermehrt auf die Interessen des Web 2.0 Nutzers eingehen, sind erfolgversprechender und können höhere Erlöse und eventuell höhere Gewinne einnehmen.

Die hier präsentierten Online-Angebote sind nur exemplarisch und nicht stellvertretend für alle anderen existierenden und denkbaren Webseiten zu sehen. Eine tiefergreifende, das heißt umfangreichere Analyse von Webseiten würde sicherlich ein differenzierteres Modell der Möglichkeiten der Erlösgenerierung liefern.

Da sich das Online-Angebot und die Technologien im World Wide Web ständig im Wandel befinden, sind unter Umständen auch schon vorausblickende Entwürfe für das Web 3.0 und dessen Erlösmodelle denkbar.

Literaturverzeichnis

Alby, Tom : *Web 2.0. Konzepte, Anwendungen, Technologien*. München 2008.

Bächle, Michael: *Ökonomische Perspektiven des Web 2.0 – Open Innovation, Social Commerce und Enterprise 2.0.* In: WIRTSCHAFTSINFORMATIK 2/2008 (50) S. 129 – 132.

Burda, Ernest & Young: *Medien und Marken im Web 2.0. Erlösmodelle für Medien in der digitalen Welt.* http://www.burda.de/hps/upload/hxmedia/hbmi/HByK41lf.pdf. 2008. Abruf am 29.09.2009.

Busemann, Katrin; Gscheidle, Christoph: *Web 2.0: Communitys bei jungen Nutzern beliebt.* Mediaperspektiven. http://www.ard-zdf-onlinestudie.de/fileadmin/Online09/Busemann_7_09.pdf. 2009. Abruf am 29.09.2009.

Comscore: *Press Release. Social Networking Sites Account for More than 20 Percent of All U.S. Online Display Ad Impressions, According to comScore Ad Metrix.* http://www.comscore.com/Press_Events/Press_Releases/2009/9/Social_Networking_Sites_Account_for_More_than_20_Percent_of_All_U.S._Online_Display_Ad_Impressions_According_to_comScore_Ad_Metrix. 2009. Abruf am 02.09.2009.

Europäische Kommission: Eurostat. http://epp.eurostat.ec.europa.eu/portal/page/portal/eurostat/home. Abruf am 03.10.2009.

Focus: *Der Markt der Medien. Daten, Fakten, Trends*. München 2008.

Karla, Jürgen: *Implementierung von Regelkreisen in Geschäftsmodellen für Web 2.0-Publikumsdienste.* In: HMD – Praxis der Wirtschaftsinformatik 255. Heidelberg 2007. S. 17 – 26.

Netpoint Media: *Last.fm Mediakit.* http://www.netpointmedia.de/download/Lastfm.de_Mediakit_Q3_2009.pdf. 2009.

The Nielsen Company: *Global Faces and Networked Places.* 2009. http://blog.nielsen.com/nielsenwire/wp-content/uploads/2009/03/nielsen_globalfaces_mar09.pdf. Abruf am 21.09.2009.

o.A.: *Interview mit Scott Woods auf der OMD 2008*, http://www.vimeo.com/1840741. Abruf am 15.09.2009.

O'Reilly, Tim: *What Is Web 2.0 – Design Patterns and Business Models for the Next Generation of Software*. http://oreilly.com/web2/archive/what-is-web-20.html. 2005. Abruf am 03.10.2009.

Patalong, Frank: *Von Friendster bis YouTube. Die Blase 2.0.* http://www.spiegel.de/netzwelt/web/0,1518,445458,00.html. 2006. Abruf am 04.10.2009.

Rappa, Michael: *Business Models on the Web*, http://ecommerce.ncsu.edu/business_models.html. Abruf am 29.09.2009.

Richter, Koch, Krisch: *Social Commerce. Eine Analyse des Wandels im E-Commerce*. Neubiberg. Fakultät für Informatik, Universität der Bundeswehr München 2007.

Seyfer, Jessie: *Web 2.0: Angst vor der Dotcom-Blase*. http://www.focus.de/digital/internet/web-2-0_aid_114283.html. 2006. Abruf am 04.10.2009.

Stähler, Patrick: *Geschäftsmodelle in der digitalen Ökonomie. Merkmale, Strategien und Auswirkungen*. Electronic Commerce Bd. 7, Josef Eul Verlag 2002.

Stanoevska-Slabeva, Katarina: *Web 2.0 – Grundlagen, Auswirkungen und zukünftige Trends*. In: Dieselbe; Meckel, Miriam: Web 2.0. Die nächste Generation Internet. Baden-Baden 2008. S. 13 – 38.

Timmers, Paul: *Business Models for Electronic Markets*, in: EM – Electronic Commerce in Europe. EM – Electronic Markets, 2 (8), 1998, S. 3-8.

Trafficmaxx: *Online Marketing Wiki*, http://www.trafficmaxx.de/definition/. Abruf am 04.10.2009.

Wirtz, Bernd: *Electronic Business*. Wiesbaden 2001.

Wirtz, Bernd: *Medien- und Internetmanagement*. Wiesbaden 2009.

www.ingramcontent.com/pod-product-compliance
Lightning Source LLC
La Vergne TN
LVHW042314060326
832902LV00009B/1497

* 9 7 8 3 6 4 0 9 6 7 3 3 9 *